Ulrich Schaffer

Sein

Claudius

Ulrich Schaffer
Sein

Claudius

Sein

Ein Buch und eine Musik-CD „Sein" zu nennen ist gewagt. Was kann man zu diesem Thema sagen? Als Hans-Jürgen Hufeisen auf mich zukam mit dem Wunsch, die Texte für seine neue CD „Sein" zu schreiben, habe ich erst überlegt. Dann aber dachte ich, dass es etwas Gutes sei – über das ganz Elementare nachzudenken und sich auf das Wesentliche zu besinnen. So habe ich sein Angebot angenommen, mich hingesetzt und in mich gehört. Worum geht es mir, wenn ich alles andere ablege und mich nicht mehr ablenken lasse? Was bleibt, was hält durch, worum geht es wirklich? Was bewegt mich ganz tief innen? Diese Texte sind das Resultat. Es geht um das Einfache, Grundsätzliche.

Bei der Auswahl der Bilder habe ich mich in einer ähnlichen Weise führen lassen. Ich habe Bilder ausgesucht, die direkt und groß sind, groß im Sinne des Zeitlosen, Wesentlichen, des Ewigen, des Durchtragenden. Auch wollte ich, dass die Bilder die Betrachterin und den Betrachter zum Nachdenken anregen, ohne schon etwas vorzugeben. Ich hoffe, es ist mir gelungen.

Ich empfehle, die Musik von Hans-Jürgen Hufeisen* aufzulegen und die Texte in diesem Buch still und nach innen gerichtet zu lesen. Vielleicht ist es auch möglich, sich zu zweit oder dritt zu treffen und gemeinsam Musik und Text zu meditieren.

Ulrich Schaffer
in Gibsons, British Columbia,
im Mai 2008

* Hans-Jürgen Hufeisen: Sein. Musik nach innen, CD, Claudius Verlag, ISBN 978-3-532-63041-9

Ich bin

Ich bin.
Ich berühre mich
und fühle meine Haut.
Ich höre mir zu, lege einen Finger auf meine Lippen
und ahne die Sprache hinter der Sprache.

Wie ein Fährtenleser
gehe ich meiner Ahnung nach,
bis ich vor mir selbst stehe, wild und frei.

Ich glaube meinem Glauben,
diesem Pfeil in mir, der mit Licht schießt
und die Mitte des Ziels trifft.

Ich kurve durch meine Blutbahnen,
ich trampe auf der breiten Straße meines Bewusstseins,
ich erspüre den Weg der Erlösung
vorbei an den toten Regeln.

Jede Faser meines Seins hat eine Bedeutung.
Jede Fiber meiner Seele
ist durchschossen von Gott.
Jede Zelle in der Weite meines Wesens
spricht von zauberhaftem Leben.
Jedes Organ erkennt seine Aufgabe.

Ich bin kein Märchen,
ich bin weder Erfindung noch Einbildung.
Ich stehe hier vor dir, bereit die Welt zu erobern.

In der Dunkelheit leuchte ich

Die Dunkelheit ist wie ein großes Tier,
das es auf mich abgesehen hat.
Meine Freude und mein Leid
erzeugen manchmal nicht genug Licht,
um meinen Weg zu erleuchten.

Dann kommt das Tier und legt sich auf mich
und ich habe nur noch Sterne über mir,
nach denen ich mich richten kann:
der große Wagen, Rigel im Orion,
der Polarstern im kleinen Bären
und hinter dem Rücken des Tiers
die schneeige Kurve der Milchstraße.
Bis ich plötzlich merke,
dass es die Dunkelheit ist,
die mich die Sterne sehen lässt.

Das ist das Muster meines Lebens:
In meiner Sehnsucht entdecke ich Gott,
in meine Ruhe bricht die stürmische Welt ein,
und gerade habe ich den rettenden Weg entdeckt,
verzweigt er sich schon wieder
und stellt mich vor eine neue Wahl.

Manchmal werde ich heimgesucht von dem,
was ich unbedingt vergessen will,
und ich vergesse das, was wichtig ist.
Doch auch ich leuchte in der Dunkelheit
und in der Weite lerne ich mich zu konzentrieren.

Ich bin ein Meer von Gegensätzen,
in dem eine Kraft wirkt,
die ich im Erleben verstehe
und im Verstehen ertragen kann.

Ich bin ein Stück des Himmels

Hingegeben bin ich da.
Ich halte nichts zurück.
Ich lasse explodieren, was versteckt in mir lag,
ich lasse mich sehen, mein einmaliges Wesen,
diese unaussprechliche Heiligkeit meines Seins.
Ich verschenke mich.

Nur kurz bin ich hier,
ein Moment, ein Schatten, ein Hauch,
und doch wird die Welt anders durch mein Sein.
Ich trage eine Aura, eine erkennbare Wirklichkeit.
Meine Seele vergnügt sich auf ihre eigene Weise.
Meine Arme und Hände, meine Füße und Beine,
mein Gesicht, meine Gefühle, mein Geschlecht,
sie alle sprechen von einer Sehnsucht,
die dieses Sein übersteigt –
die Sehnsucht nach einer neuen Erde,
einem neuen Wesen, einem neuen Sein.

Es liegt in mir,
in dem Wunder, das ich bin,
in der Erkenntnis, dass auch an mir die Welt heilt
und das Bild fertig gemalt wird:
Ich bin ein Stück des Himmels,
ein leuchtender Wald, ein Auge,
ein Mosaikstein in dem großen, farbigen Muster.

Ich halte fest an dem Glauben,
dass mich die Wahrheit freisetzen wird –
meine Wahrheit, meine Ehrlichkeit, meine Verantwortung.
Offenheit ist mein Revier,
Freiheit der Weg in die tiefere Bedeutung,
schon hier und jetzt.

Ein Raum für meine Seele

Im Spiegel sehe ich mich an –
Augen, in denen ich mich konzentriere,
ein Mund, der Worte formt und um den etwas spielt,
was mein ganzes Leben ausdrückt,
Hände, mit denen ich Kontakt aufnehme
und die manchmal deutlicher sprechen als der Mund,
Füße, die mich in die Not
und wieder aus ihr heraus getragen haben,
unsichtbar, aber jede Sekunde spürbar, das Herz,
die Pumpe und das Sinnbild für den Mittelpunkt meines Wesens
und darin, darunter oder darüber die Seele, unmessbar,
für die Naturwissenschaftler nicht da
und doch eine innere Wahrheit,
die mich unverwechselbar macht.
Das bin ich im Spiegel und in meiner berührbaren Haut.

In meinen Augen liegt meine Seele.
Durch sie gerät die Welt zu mir
und durch sie gebe ich mich zu erkennen.
Sie sieht mich an und erkennt mich, sie zittert und bebt.
Ich bin das, was kein Gewicht,
keine Farbe, keine Substanz hat
und doch dichte Wirklichkeit ist.

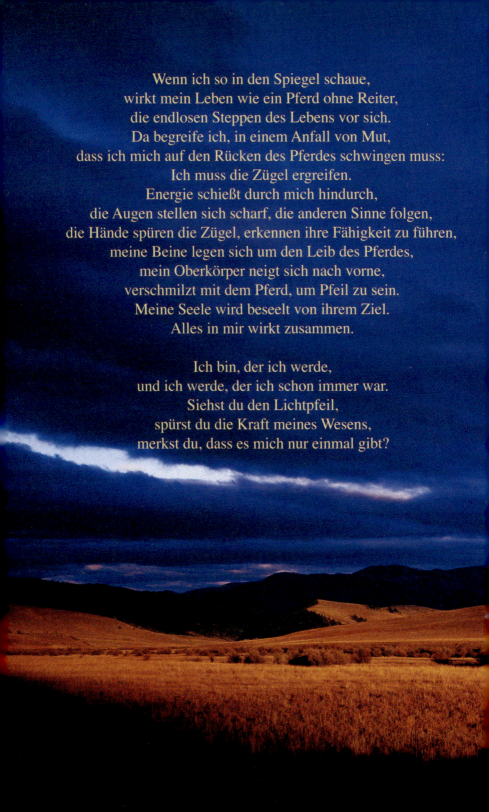

Wenn ich so in den Spiegel schaue,
wirkt mein Leben wie ein Pferd ohne Reiter,
die endlosen Steppen des Lebens vor sich.
Da begreife ich, in einem Anfall von Mut,
dass ich mich auf den Rücken des Pferdes schwingen muss:
Ich muss die Zügel ergreifen.
Energie schießt durch mich hindurch,
die Augen stellen sich scharf, die anderen Sinne folgen,
die Hände spüren die Zügel, erkennen ihre Fähigkeit zu führen,
meine Beine legen sich um den Leib des Pferdes,
mein Oberkörper neigt sich nach vorne,
verschmilzt mit dem Pferd, um Pfeil zu sein.
Meine Seele wird beseelt von ihrem Ziel.
Alles in mir wirkt zusammen.

Ich bin, der ich werde,
und ich werde, der ich schon immer war.
Siehst du den Lichtpfeil,
spürst du die Kraft meines Wesens,
merkst du, dass es mich nur einmal gibt?

An dir bin ich geworden

An dir bin ich geworden.
Du hast mein Wesen gebildet,
auch wenn ich von innen heraus lebe.
Ohne dich kann ich mich verlieren,
ich brauche den Spiegel, der du bist.
Deine Nähe und Distanz,
deine Liebe und deine Härte,
deine Aufmerksamkeit und deine Unachtsamkeit
haben mir geholfen, mich zu verstehen.
Ich erkenne mich im Vergleich.
Ich erfahre meine Wünsche,
wenn ich deine Wünsche sehe.

So wie du sind Tausende in meinen Zellen anwesend.
Ich teile die Luft und das Wasser mit ihnen.
Meine Gedanken bauen sich auf ihren Gedanken auf.
Meine Erkenntnisse verdanke ich ihrem Abenteuer.
Mein Wesen wird mit jedem Erlebnis geschliffen,
jedes Wort fügt meinem Charakter etwas hinzu.

Stellvertretend für die Welt bist du da,
du bist an der Gestalt meines Wesens beteiligt.
An dir bin ich geworden
und an dir entstehe ich weiter,
ganz gleich wie du dich verhältst.
Meine Erlebnisse mit dir liegen wie Reichtümer in mir.
Auch wenn ich von innen her lebe,
verdanke ich dir viel meines Seins.

Der helle Horizont meines Herzens

Jede Stunde hat ihr eigenes Ticken,
jeder Tag sein eigenes Leuchten.
Wesenhaft ist die Welt,
wirklich ist jede Erhebung und jede Vertiefung erfüllt.
Nichts geht umsonst an mir vorbei.
Was mich erschüttert, erleuchtet mich.
Was mich bewegt, ist Sprache des Seins.
Jeder Moment ist ein Raum für meine Seele,
jedes Erlebnis Möglichkeit der Entfaltung.

Kein Moment ist zu schlecht für die Erlösung,
kein Aufschauen in Liebe umsonst.
Meine Seele verlängert die Wahrheit.
In der Härte der Dunkelheit
besinne ich mich auf mein inneres Licht.
Meine Augen fließen über
mit einer fernen Erkenntnis.

Ich bin, was ich glaube.
Ich bin meine Hoffnung, ich bin mein Glück,
ich bin der Friede, den ich als Geschenk in mir trage.

Ich bin meine Zukunft,
ich bin die Stunde, die jetzt anbricht,
die ich gestalten kann wie ein Kunstwerk.
Ich bin das Erstaunliche in jeder Entscheidung,
mit der ich mein Leben in die Hand nehme.

Es gibt nichts Spannenderes, als diesem Sein zu folgen
im vollen Glück der Überzeugung.
Der Horizont meines Herzens ist hell.
Ich habe mich entschlossen zu leuchten.
Mein Leben kommt zu mir wie ein großes Geschenk.

Erfüllt mit einer Gegenwart

Ich bin in dem, was ich tue.
Ich bewohne meine Knochen und Sehnen,
mit denen ich die Welt erobere.
Ich richte mich in meinen Gedanken ein,
studiere aber schon Landkarten,
um zu sehen, wo es weitergeht.
Ich gieße mich in die Beziehungen
zu Menschen, die mich berühren –
ich füge mich ein, ohne mich passend zu machen.
Ich erkenne mich durch das, was ich tue,
ich begegne meiner lähmenden Angst
und meiner erobernden Hoffnung.

Ich handle aus meinem Herzen,
aus dem Raum in mir, mit dem ich die Welt deute.
Ich strecke mich aus nach der Seele der Dinge,
in Aufmerksamkeit spüre ich sie.
Ich empfange die Botschaften der Welt
und handelnd füge ich sie in mein tägliches Leben ein.
Ich mache mit in der Welt,
jeden Tag auf eine neue Weise.

Aber ich bin nicht nur, was ich tue.
Getrennt von jeder Handlung lebe ich,
schweigend, aber erfüllt mit einer Gegenwart,
die größer ist als alles, was ich von mir kenne.
Ich habe einen Kern, von dem ich lebe
und der mehr ist, als ich denken kann.
Ich bin noch anders als das, was ich selbst von mir sehe.

Wer ist es, der über mich nachdenkt?
Wer sieht mir über die Schulter?
Wer belächelt mich liebevoll?
Das geheimnisvolle Wesen meines Wesens,
das unbeschreibbar Ich ist.

Heimat in dir

Gehst du verloren
in der Härte kalter Fronten,
in der Bedeutungslosigkeit täglicher Handlungen?

Erschrickst du,
wenn du an den Rändern deines Bewusstseins
auf die unbeantworteten Fragen stößt
und der Boden unter deinen Füßen einbricht?

Wandert Gott noch mit dir
in der Weite deiner Fantasie,
aufrecht wie dein Rückgrat an starken Tagen?

Findest du zu der Heimat,
die wie ein Felsen in dir ruht
und Ausschau nach dir hält so wie du nach ihr?

Aus deiner Seele wird die Landschaft geboren,
die du verteidigst gegen die Piraten,
die deiner Seele auflauern
und dich gegen dich aufhetzen.

Was wir haben, ist nur der Anfang
von dem, was nie genug sein wird –
unersättlich sind wir nach dem Gold der Erlösung.

Was du vor dir siehst,
ist nur die Spitze des Eisbergs.
Du bist das gigantische Meer darunter,
in dem Gott schwimmt, wie sie es immer getan hat,
die wunderbare Geistin –
auch wenn du es aus den Augen verlierst.

Halte noch etwas länger aus,
bis das Land hervortritt aus dem Meer
und einen Strand für deine frierende Seele bietet.
Hier bist du zu Hause.

Das Fest meines Lebens

Es gibt Tage,
da falle ich in mich hinein,
falle auf mich zu,
auf den, der ich meine zu sein,
stürze hinein in mein Wesen,
nicht um ein Schicksal zu erfüllen,
aber um zurückzukehren zum verborgenen Ursprung.

Noch einmal steht vor mir auf,
was hätte sein können
und welche Zukunft ich verschlossen habe
mit meinen Entscheidungen.
Ich erkenne mich in der Summe meiner Geschichten,
die ich auf dem großen Karussell abgefahren habe,
ein Leben lang.

Aber es ist egal, was war und was sein wird,
wenn ich nur jetzt hier sein kann.
Ich will lernen, das aus der Hand zu legen,
was ich meinte festhalten zu müssen,
um mit freien Händen die ganze Welt einzuladen,
mit mir zu spielen und zu feiern.
Das Fest meines Lebens ist angebrochen.

Erfüllt von dem Größeren

Ich bewege mich durch den Raum.
Ich spüre die Luft auf meiner Haut.
Ich höre das Singen der Zeit in meinen Ohren.
Ich betrete das Zimmer,
in dem die Gedanken aufhören.

Tief atme ich ein,
warte mit dem Ausatmen
und lasse dann die Luft aus mir hinausströmen.
Ich bin erfüllt von dem, was keinen Namen hat,
und das Gestaltlose bewegt mich
jenseits von Worten.

Alles fällt von mir ab
und zurück bleibt nur dieses Wesen,
das sich abhebt gegen den manchmal hellen,
manchmal dunklen Hintergrund des Geschehens.
Ich bin aufgehoben in mir, der mich kennt.
Ich bin erfüllt von dem Größeren.

Die Buntheit unserer Sehnsucht

Ich bewege mich durch überfließende Worte
wie Weg, Nacht, Du, Seele, Mond, Gott.
In einem jeden von ihnen glüht die Welt auf,
wird weit, wird Juwel,
bleibt der Ort, an dem ich gerne wohne.

Ich lasse das enge Zimmer in mir
von Worten aufschließen.
Die Silben tragen Himmel in sich
und sind doch gleichzeitig Brot –
kostbare Nahrung in der Wüste, die ich durchquere.
Ich setze Fuß vor Fuß durch die Bedeutungen,
ich trinke von den Überraschungen der Welt,
von der Buntheit unserer Sehnsucht.

In einer unglaublichen Dichte
ist alles da, was ich brauche.
Ich stoße auf mein Wesen,
auf diese geheimnisvolle Zusammenfügung
des Alltäglichen und des Unsagbaren.
Himmel und Erde bin ich
und um mich singen die Silben,
aus denen die Welt entsteht.

Dein Wesen ist ein Sturm

Dein Wesen ist ein Sturm im heftigen Herbst,
ist der Himmel, auf dem die Wolken
wie Schafe spielen können,
ist eine blaue Landschaft unter dem Mond.

Welle im Ozean bist du,
sich auftürmend, brechend, auslaufend.
Ein Moment in der Geschichte,
den es bisher noch nicht gab,
erzählt von dir gegen den Widerstand der Zeit.

Du bist ein Vulkan unter dem Meer,
Meisterin des Erwachens in Kraft.
Du bist ein Engel des unscheinbaren Ereignisses
und Schülerin der geduldigen Vergebung.

Dein Wesen trägt eine Süße,
als wärest du schon in den blauen Bergen angekommen
mit der blauen Blume im Haar
und dein Gesicht geschmückt
mit dem Lächeln deiner Seele.
Es ist gut, dich zu kennen.

Abenteuer ist dein Land,
Wagnis deine Neigung.
Du hast hinter dir gelassen, was du nicht warst,
und streckst dich nach dem aus,
was vor dir wie ein Gottesland liegt.

Das ganze Leben ist eine große Tür

Wir leben in Gegensätzen.
Wir verstehen, was uns zustößt,
wir können den Ereignissen eine Bedeutung geben.
Die Wege sind steil, aber begehbar.
Aber dann geschieht das Unverständliche –
die Zerstörung der bekannten Muster.
Uns geht der Atem aus, wir finden keine Worte mehr.
Da wird Sprachlosigkeit unsere Chance.

Wir verstehen unsere Mitmenschen,
wir können ihnen folgen
in ein Stück ihrer Verlassenheit,
bis einer auftritt mit einer Fremdsprache
des Leids und der Andersartigkeit, die uns erschüttert.
Bestürzung ist unsere Chance.

Wir haben uns ein Leben lang
durch Gedanken hindurchgearbeitet
wie durch einen großen Berg,
bis wir auf eine undurchquerbare Wüste stießen.
Da mussten wir das ABC einer neuen Sprache lernen.
Hilflosigkeit war unsere Chance.

Wir haben geglaubt, was man uns vorgeglaubt hatte.
Es hatte Hand und Fuß.
Bis es sich auflöste
unter den Umständen und dem Druck unserer Ehrlichkeit.
Da zerbrach etwas in uns –
Knirschen und Schrecken durchzogen uns.
Aber durch den Riss konnte Licht in uns fallen
und unsere innere Schönheit erleuchten.
Zweifel war unsere Chance.

In diesen Herausforderungen entstehen wir, du und ich.
Oder wolltest du dich immer nur wiederholen
und dein Wesen – das auf Wachstum ausgerichtete –
vernachlässigen und verkommen lassen?

Am Horizont geht die Sonne auf –
wer du heute sein wirst, ist nicht festgelegt.
Dein ganzes Leben ist eine große Tür.
Das Abenteuer beginnt.

Lebenskraft

Ich werde umgetrieben von der Frage nach den letzten Dingen,
nach der Bedeutung meines Lebens,
nach seiner Erfüllung und seinem Beitrag.
In mir stoßen Sinn und Sinnlosigkeit zusammen.
Ich spüre beide. Ich spüre ihren Kampf um mein Leben.
Ich kann die Sinnlosigkeit übernehmen lassen
oder einen Sinn setzen und mich für Werte entscheiden.
Ich bestimme meine Gestalt,
aber niemand nimmt mir die Arbeit der Wahl ab.

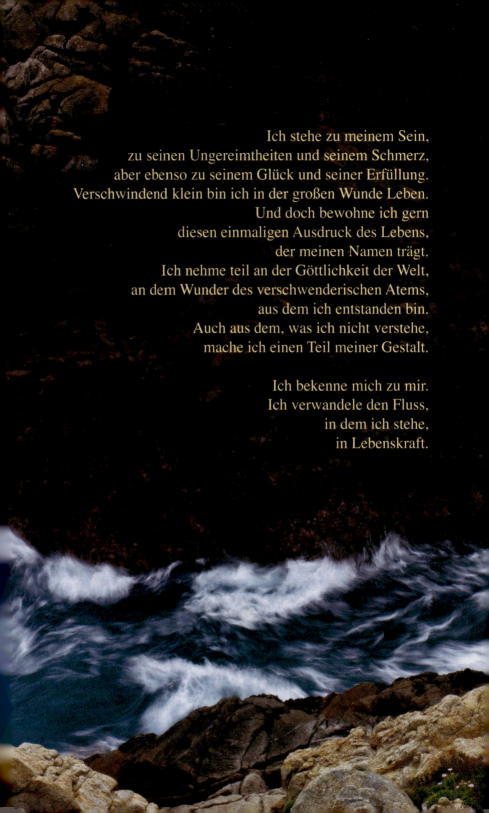

Ich stehe zu meinem Sein,
zu seinen Ungereimtheiten und seinem Schmerz,
aber ebenso zu seinem Glück und seiner Erfüllung.
Verschwindend klein bin ich in der großen Wunde Leben.
Und doch bewohne ich gern
diesen einmaligen Ausdruck des Lebens,
der meinen Namen trägt.
Ich nehme teil an der Göttlichkeit der Welt,
an dem Wunder des verschwenderischen Atems,
aus dem ich entstanden bin.
Auch aus dem, was ich nicht verstehe,
mache ich einen Teil meiner Gestalt.

Ich bekenne mich zu mir.
Ich verwandele den Fluss,
in dem ich stehe,
in Lebenskraft.

Du bist ein Wunder

Du trägst als größten Schatz
deine eigene Geschichte in dir.
Niemand hat deine Geschichte,
ihren Schmerz und ihr Glück.
Sie gehört nur dir.
Wenn du nach deinem Wesen suchst,
betritt deine Geschichte mit Ehrfurcht,
liebe dich in ihr.
Du liegst in ihren Jahreszeiten
und deine Seele trägt ihr Gesicht.
Du bist ihr Schwung und ihr Leid.

Du bist nicht so anders als der alte Held,
der von Abenteuer zu Abenteuer
über die Meere zog, bis er nach Hause fand,
zum Ort seines Herzens, von dem er aufgebrochen war.
Du bist die mit den tausend Gesichtern,
auf denen zehntausend Geschichten stehen.
Du bist jedermann, jedefrau
auf der Suche nach dem Wesenhaften
und doch unverwechselbar in deiner Geschichte
in ihrem Gold und ihrer Erde.

Noch ist nicht abgeschlossen, wer du bist.
Lass hinter dir, was du warst –
bewohne diesen Augenblick,
diesen Abend, diese Nacht und den kommenden Tag,
der mit neuen Erlebnissen auf dich wartet.
Erlaube dir deine Schüchternheit, deinen Mut,
dein Abenteuer und deine Vorsicht.
In ihnen allen bist du.
Wie du auch leben magst, du bist ein Wunder,
dein Wesen ist Ausdruck des Unaussprechlichen.

Im Loslassen werden

Ich lasse los, was ich immer halten wollte.
Ich lasse die Menschen los,
die ich meinte für meine Zwecke zu brauchen.
Ich lasse die Zeit los, die ich erfüllt leben wollte.
Ich lasse die Ordnung los,
die mir den Überblick vermittelte.
Ich lasse Gott los, von dem ich nur Bilder habe,
in denen er nicht genug Platz hat.

Ich bin nicht mehr, was ich tue.
Ich bin nicht mehr, was ich war
und was ich geleistet habe.
Ich lasse meine geheimen Bilder von mir los,
dieses große Bilderbuch im Kopf,
nach dem ich versucht habe zu leben. Ich lasse mich los.

Ich erkenne das heilige Nichtstun,
in dem Wert und Leistung nicht zusammenhängen.
Ich sehe die Schönheit des Chaos, aus dem alles entsteht.
Ich spüre den Segen, der darauf liegt, nichts mehr zu wollen.
Ich ruhe nach sechs Arbeitstagen
und genieße das Paradies der Gedanken.

Ich bewege mich durch eine erstaunliche Leere,
in die lautlos das Sein einzieht.
Es hat keine Form und keinen Inhalt,
weil es sich von Augenblick zu Augenblick erneuert.
Ich befehle mich der Stille an, atme nur noch
und die ganze Welt kommt zu mir.
Alles löst sich auf, um zu werden.
Die ganze Welt ist wie eine Wiege,
in der das Wesen des Lebendigen liegt.

In diesem Augenblick bin ich nur –
ohne Zweck, ohne Ziel, ohne Programm,
ohne Anspruch, ohne Besitz, ohne Verlust,
ohne aufgezeichnete Wege vor mir,
ohne den Ballast von Vorstellungen.
Ich bin bei mir angekommen.

Ich kämpfe nicht mehr um mein Sein,
es ereignet sich in meiner Gelassenheit.
Indem ich mich loslasse, werde ich.

Von innen nach außen leben

Ich beginne bei mir,
bei diesem Wesen, das meinen Namen trägt.
Ich erkenne mich, ich erkenne mich an.
Ich will nicht mehr untergehen
in den Meinungen und Regeln anderer.

Ich erfasse mich und spüre, wie ich die Welt sehe.
Ich lasse mein Inneres sprechen.
Ich stecke voller Gebete an mich und werde mich erhören.
Ich werde ernst nehmen,
dass in mir eine ganze Welt nach ihrem Ausdruck sucht.
Ich will die Wucht meiner Einsichten erleben,
das Glück in meinen Erkenntnissen spüren
und die Kraft meiner Haltungen ahnen
und dabei erleben, wie sich mein Profil bildet.
Alles Lieben, Lösen und Lachen
wird meine Herzenssache sein.

Jede Bewegung, die ich aus Überzeugung mache,
jedes Wort, das ich sage, weil es sich in mir gebildet hat,
jede Entscheidung, die ich treffe,
weil ich alles erwogen habe,
jede Stille, die aus meinem Bedürfnis kam,
jede Ausgelassenheit, die ich gewählt habe,
jeder Glaubensinhalt, den ich nicht nur
übernommen, sondern selbst gestaltet habe,
gibt meinem Wesen seine Form.

So gewinnt mein Kern an Bedeutung
und ich werde mich nicht in einem Leben verlieren,
in dem ich uneins mit mir bin.

Nicht weil ich die Einflüsse von außen entlarve
und genial bekämpfe,
glückt mein Leben,
sondern weil ich von innen heraus lebe, aus der Heimat,
die ich als meinen größten Schatz in mir trage.

Ulrich Schaffer

Ich wurde 1942 in Pommern geboren. Schon 1953 wanderte ich mit meiner Familie nach Kanada aus. Zunächst zogen wir in die Prärie mit ihrer großen Weite und später dann in den Norden von British Columbia. Dort wohnte ich, bis ich zum Studium nach Vancouver ging. Der Norden mit seiner noch fast unberührten Natur hat mich stark geprägt. Ich glaube, es ist heilend, uns jeden Tag entweder in die Natur zu begeben oder sie zumindest durch Bilder in uns aufzunehmen und sie zu uns sprechen zu lassen. So können wir uns das Staunen und die Dankbarkeit erhalten. So bleiben wir angeschlossen an das, was viel größer ist als wir, und behalten eine Perspektive, die uns gesund hält.

Nach einem Studium der Literatur habe ich zehn Jahre lang Literatur an einem College bei Vancouver unterrichtet. Seit fünfundzwanzig Jahren bin ich freiberuflicher Schriftsteller und Fotograf. Seit 1965 bin ich mit Waltraud verheiratet und wir haben zwei erwachsene Töchter, Kira und Zilya. 1997 haben wir uns einen alten Wunsch erfüllt und sind direkt ans Meer gezogen, umgeben von Natur. Wir wohnen in Gibsons an der Sunshine Coast von British Columbia und sind nur mit einer Fähre zu erreichen. Vor uns liegt die Georgia Strait, der Teil des Pazifiks zwischen dem Festland von British Columbia und Vancouver Island. Ich genieße es, hier zu schreiben, zu fotografieren und den Dingen nachzugehen, die mir wichtig sind.

Zu den Fotografien:
Umschlag: Abendstimmung an der Sunshine Coast von British Columbia (BC), Canada.
Titelseite: Spirale aus weißen und schwarzen Steinen.

4/5	Espe am Green River, Utah, USA.
6/7	Kiefern am Meer, Sunshine Coast von BC, Kanada.
8	Abendstimmung bei Gibsons, BC, Kanada.
10/11	Licht auf der Georgia Strait, BC, Kanada.
12/13	Sichelmond über Vancouver Island, BC, Kanada.
14/15	Steine am Strand.
16/17	Milford Sound, Südinsel, Neuseeland.
18/19	Feder im Watt, Vancouver Island, BC, Kanada.
20/21	In der Prärie von Montana, USA.
23	Pflanze an rotem Sandstein, Utah, USA.
24	Die kalifornische Küste am Abend.
26/27	Untergehende Sonne über dem Meer, Oregon, USA.
29	Kalifornische Küste.
31	Espe im Winter, Utah, USA.
32	Sandsteintürme, Arizona, USA.
34/35	Sonneneinfall, Georgia Strait, BC, Kanada.
37	Feuerwerk, Gibsons, BC, Kanada.
38/39	Morgenstimmung am Mono Lake, Kalifornien, USA.
41	Blumen, Davis Bay, Sunshine Coast, BC, Kanada.
43	Brandung am Pazifik, Salt State Park, Kalifonien.
44/45	Abendstimmung, Georgia Strait, BC, Kanada.
47	Bewegter Himmel.
48/49	Meeresenge, Point Lobos, Kalifonien, USA.
50	Kreidefelsen auf Rügen, Deutschland.
52/53	Wolken über Vancouver Island, BC, Kanada.
54/55	Sonnenuntergang, Schauinsland/Freiburg, Deutschland.
56/57	Kalifornische Küste.
58/59	Kiefern und Buchen, irgendwo in Deutschland.

Die Bilder wurden mit einer Hasselblad auf Fuji Vekvia Film und digital mit einer Nikon D200 aufgenommen.

Bibliografische Information der Deutschen Bibliothek
Die Deutsche Bibliothek verzeichnet diese Publikation
in der Deutschen Nationalbibliografie;
detaillierte bibliografische Daten
sind im Internet über <http://dnb.ddb.de> abrufbar.

© 2008 Claudius Verlag
München

www.claudius.de

Alle Rechte vorbehalten
Texte, Konzept, Design und Satz: Ulrich Schaffer
Umschlaggestaltung: Ulrich Schaffer
Autorenfoto: Micha Pawlitzki
Druck: Ebner / Spiegel, Ulm

ISBN 978-3-532-62381-7

Musik
Meditationen
von Hans-Jürgen Hufeisen

Die musikalischen Meditationen, inspiriert von Texten Ulrich Schaffers, spüren dem Wesentlichen, Elementaren und Einfachen nach und machen hörbar, was unser Innerstes und Tiefstes ausmacht. Die Komposition begleitet uns auf unserer Reise in unser eigenes Herz – in einer Atmosphäre, in der wir klar und unverstellt uns selbst begegnen können.

Hans-Jürgen Hufeisen
Sein
Musik von innen – CD
ISBN 978-3-532-63041-9

www.claudius.de

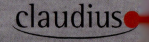